Milieu CP

Apprendre à lire avec LES ALPHAS

Carole Bourset

Que d'histoires à la bibliothèque !

Illustré par Thomas Tessier

RÉCRÉALiRE

Conception pédagogique : **Claude Huguenin**
Illustrations : **Thomas Tessier**
Édition : **Anne Peeters**
Conception graphique : **Anne Krawczyk**
Maquette : **Sophie Ballore**

RÉCRÉALIRE

Éditions Récréalire
541, route des Marais - 74410 Saint-Jorioz - France

www.editionsrecrealire.com

Loi n° 49-956 du 16 juillet 1949 sur les publications destinées à la jeunesse.
ISBN : 9782366471274

Apprendre à lire avec LES ALPHAS

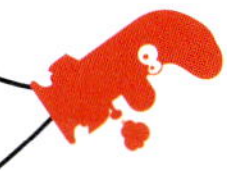

La collection **« Apprendre à lire avec LES ALPHAS »** est destinée aux enfants qui commencent à lire, généralement scolarisés en classe de CP. Elle propose trois niveaux de progression bien définis.

Début CP

Les textes des histoires sont constitués de mots contenant des **correspondances simples**, c'est-à-dire :
un son (phonème) = une lettre,
voire deux fois la même lettre.
Ex. : **f** - **i** - **l** pour le mot *fil*,
ou **p** - **o** - **mm** - **(e)** pour le mot *pomme*.

Milieu CP

Les textes sont constitués de mots contenant des correspondances simples et **quelques correspondances complexes** :
un son (phonème) = deux lettres.
Ex. : **f** - **ou** pour le mot *fou*,
et **m** - **a** - **m** - **an** pour le mot *maman*.

Fin CP

Les textes sont constitués de mots :

- contenant des correspondances simples et des **correspondances complexes** :
  un son (phonème) = deux ou trois lettres
  (les différentes manières les plus courantes d'orthographier un même son).
  Ex. : le son « **o** » écrit *o* dans *moto*, mais aussi ***au*** dans ***au****to* et ***eau*** dans *chap**eau***.
- présentant des **lettres qui changent de prononciation** selon le contexte :
  ex. : le *g* de *gare* / le ***g*** de ***g****irafe*,
  le *c* de *carton* / le ***c*** de ***c****itron*,
  le *s* de *savon* / le ***s*** de *va**s**e*.

La méthode de lecture LES ALPHAS

Mme Claude Huguenin, spécialisée dans l'apprentissage de la lecture avec de jeunes enfants, prend rapidement conscience des difficultés rencontrées par un grand nombre d'entre eux. Pour y remédier, elle a alors l'idée de créer **des personnages ayant la forme des lettres et une raison d'émettre leur « son »** (phonème) : par exemple, la **fusée** pour la lettre ***f***.

Puis, avec M. Olivier Dubois du Nilac, elle imagine un **conte fantastique intitulé *La Planète des Alphas*** dont ces petits personnages deviennent les héros. La **méthode de lecture LES ALPHAS** est née. Structurée et progressive, elle permet, depuis plus de 20 ans, à des dizaines de milliers d'enfants d'apprendre à lire.

Les Alphas, ces attachants petits personnages, deviennent les compagnons quotidiens des enfants tout au long de leur apprentissage, et leur permettent de **concrétiser considérablement le lien entre les « sons » (phonèmes) et les lettres de notre alphabet.**

Découvrez notre méthode de lecture en librairies, en grandes surfaces et sur notre site :
www.editionsrecrealire.com

Comment utiliser ce livre ?

Les sons à connaître

Pour pouvoir lire ce livre, votre enfant doit être capable de lire le déterminant ***un*** et d'associer un « son » (phonème) à chacune des lettres suivantes :

a - i - o - u - y - e - é - ê - è - f - j
l - m - n - r - s - v - z - ch - b - c (cacao)
d - g (gare) - p - q/qu - t - h - x

Ainsi que les correspondances complexes :

ou - an - on - eu - in - oi

Les lettres en couleur

Lettres oranges :
attirent l'attention de l'enfant sur certains groupes de lettres permettant de représenter un son (ou - an - on - eu - in - oi).

Mots italiques violets :
mots que l'enfant n'est en principe pas capable de lire seul à ce stade de l'apprentissage et qui nécessitent l'aide de l'adulte.

Lettres grises :
Lettres muettes *-ent* (terminaison des verbes à la 3e personne du pluriel).

Lettres vertes :
attirent l'attention de l'enfant et l'amènent à s'interroger sur la prononciation du e dans le mot à lire (« **é** » ou « **è** »).

Petit Malin rigole
pour de bon. Il explique :
— Dévorer les livres
ne veut pas dire
les avaler, *mais* lire
toujours plus de livres !
C'est une expression.

Le texte est écrit en **gros caractères bien espacés** pour faciliter la lecture et la compréhension.

Favoriser la compréhension

L'objectif principal de la lecture est **la compréhension du sens**. Il est cependant fréquent que l'enfant qui apprend à lire ait un peu de mal à accéder rapidement au sens des mots, l'activité de déchiffrage nécessitant une forte concentration.

- Pour vous assurer que l'enfant déchiffre vraiment les mots (et n'essaie pas de seulement les deviner), nous vous recommandons de **masquer l'illustration de la page de droite** à l'aide du rabat prévu à cet effet.

- Une fois le texte lu, **dévoilez l'illustration** : conçue pour éclairer immédiatement sur le sens du texte, elle permet à votre enfant de vérifier qu'il a bien compris le sens, tout en lui donnant confiance dans ses capacités de jeune lecteur. À chaque page, le fait de renouveler ce « jeu » de découverte est souvent une grande source de motivation pour l'enfant.

- Pour aller plus loin, à la fin de l'histoire, interrogez votre enfant sur ce qu'il a compris en vous appuyant sur les **questions des pages 30-31**.

Le choix du vocabulaire

- Les mots utilisés dans ce texte devant correspondre parfaitement aux « sons » (phonèmes) connus par l'enfant, il arrive que certains mots **ne fassent pas encore partie de son vocabulaire** (ex. : « il se **morfond** » au lieu de « **il s'ennuie** » car ***ennuie*** contient la correspondance complexe ***en*** qui n'est abordée que dans les ouvrages de niveau 3 « Fin de CP »).

- Outre qu'elle est au fondement même de la méthode LES ALPHAS, cette approche permet aux enfants de découvrir des mots nouveaux qui vont enrichir progressivement leur vocabulaire.

Quelques conseils...

- **Privilégiez la régularité sur la quantité** : pour devenir un bon lecteur, votre enfant doit automatiser la procédure de déchiffrage. Pour l'acquérir, le meilleur atout est la régularité : si vous constatez que votre enfant rencontre des difficultés, mieux vaut lui proposer de lire chaque jour une page (voire une seule phrase, selon son niveau) plutôt que de le pousser à lire beaucoup pour ensuite laisser passer du temps.

- Choisissez toujours des **livres adaptés à son niveau** et aux phonèmes qu'il sait lire. Si le déchiffrage est trop ardu, il risque de se décourager rapidement.

- Faites de la lecture un **moment de plaisir**, ne forcez jamais votre enfant à lire. Et ne renoncez pas, sous prétexte qu'il commence à savoir lire, à lui **raconter vous-même des histoires**.

Tous les mercredis,
Petit Malin va
à la bibliothèque
avec Mamie et le gulu.
La bibliothèque est super :
il y a des livres
pour les grands
et les petits. Parfois,
une dame raconte
des histoires.

La dame de la bibliothèque

est ravie de revoir

Petit Malin.

— Je vois que tu adores

les livres ! lui dit-elle.

— Oui, il les dévore !

confie sa grand-mère.

Petit Malin s'installe

par terre pour regarder

des bandes dessinées.

Les histoires et les dessins

sont toujours rigolos !

Mamie lit un roman

à côté de lui.

Petit Malin veut rapporter
des livres chez lui.
Il garde trois bandes
dessinées, deux magazines
et quatre livres d'histoires.

— Vite ! L'heure du conte va débuter, dit Petit Malin à son ami le gulu.

— Le livre raconte l'histoire d'une poule qui dévore des loups ! explique la dame de la bibliothèque.

Alors que l'histoire

va débuter, Petit Malin

remarque que le gulu

a disparu. Il n'est plus

assis à côté de lui.

Où est-il passé ?

Tout à coup, Petit Malin voit passer et repasser le gulu. Il porte de lourdes piles de livres dans les bras. Pourquoi son ami effectue-t-il de mystérieux allers-retours ? se demande Petit Malin.

Le conte terminé,

Petit Malin part

à la recherche du gulu.

Il explore les allées

de la bibliothèque.

Il retrouve le gulu boudant

tout seul dans un couloir.

Quel bazar ! Pourquoi
y a-t-il tant de livres
par terre ? se demande
Petit Malin. Il découvre,
près du gulu, des livres
ouverts et abîmés.

Le gulu déclare :

— Je veux dévorer

des livres comme toi.

Or ils n'ont pas bon goût

du tout ! Pourtant, je suis

allé chercher des livres

qui parlent de pâtisseries !

Petit Malin rigole

pour de bon. Il explique :

– Dévorer les livres

ne veut pas dire

les avaler, *mais* lire

toujours plus de livres !

C'est une expression.

Pour consoler le gulu,
Petit Malin lui offre
des biscuits avec
des pépites de chocolat.
Mamie les a préparés
pour le goûter.
— Ils sont plus appétissants
que les livres ! admet
le gulu.

J'ai bien compris l'histoire

Cette partie est à lire par les parents.

1 Avec qui Petit Malin va-t-il à la bibliothèque ?

- ☐ Avec Mamie.
- ☐ Avec Papy.
- ☐ Tout seul.

2 Que regarde Petit Malin en arrivant à la bibliothèque ?

- ☐ Un magazine.
- ☐ Un conte.
- ☐ Une bande dessinée.

3 Quelle histoire raconte la bibliothécaire ?

- ☐ L'histoire d'un chat qui a peur des souris.
- ☐ L'histoire d'une poule qui mange des loups.
- ☐ L'histoire d'un canard qui ne sait pas nager.

J'ai bien compris l'histoire

Cette partie est à lire par les parents.

4 Pourquoi le gulu a-t-il disparu ?

- ☐ Pour aller aux toilettes.
- ☐ Pour aller chercher des livres.
- ☐ Pour aller au parc.

5 Quels livres de cuisine le gulu a-t-il croqué ?

- ☐ Des livres sur la pâtisserie.
- ☐ Des livres sur les pizzas.
- ☐ Des livres sur les légumes.

6 Que veut dire l'expression « dévorer des livres » ?

- ☐ Goûter des livres.
- ☐ Ne pas aimer la lecture.
- ☐ Lire beaucoup de livres.

Achevé d'imprimer en France par ICA en mai 2022.
Dans un souci de respect de l'environnement, ce document est imprimé sur un papier certifié.
Dépôt légal : mars 2022.

PEFC 10-31-1953